CONVENTIONS

POUR LA GARANTIE RÉCIPROQUE

S ŒUVRES D'ESPRIT ET D'ART

CONCLUES

ENTRE LA FRANCE ET LA BELGIQUE

ET

ENTRE LA FRANCE ET LA RUSSIE

TRAITÉ DE COMMERCE FRANCO-BELGE

1861

CONVENTIONS

POUR LA GARANTIE RÉCIPROQUE

DES OEUVRES D'ESPRIT ET D'ART

CONCLUES

ENTRE LA FRANCE ET LA BELGIQUE

ET

ENTRE LA FRANCE ET LA RUSSIE

TRAITÉ DE COMMERCE FRANCO-BELGE

Extrait de la Chronique du Journal général de l'Imprimerie et de la Librairie.

BELGIQUE

CONVENTION LITTÉRAIRE

Décret impérial qui prescrit la promulgation de la convention conclue le 1er mai 1861, entre la France et la Belgique, pour la garantie réciproque de la propriété littéraire, artistique et industrielle.

NAPOLÉON,

Par la grâce de Dieu et la volonté nationale, empereur des Français,

A tous présents et à venir, salut :

Sur le rapport de notre ministre secrétaire d'État au département des affaires étrangères,

Avons décrété et décrétons ce qui suit :

ART. 1er.

Une convention ayant été conclue le 1er mai 1861, entre la France et la Belgique, pour la garantie réciproque de la propriété des œuvres d'esprit et d'art, et des marques, modèles et dessins de fabrique; et les ratifications de cet acte ayant été échangées à Paris, le 27 mai 1861, ladite convention, dont la teneur suit, recevra pleine et entière exécution.

Convention.

S. M. l'empereur des Français et S. M. le roi des Belges, également animés du désir de protéger les sciences, les arts et les lettres, et d'encourager leur application à l'industrie, ont à ces fins résolu d'adopter, d'un commun accord, les mesures qui leur ont paru les plus propres à assurer, réciproquement dans les deux pays, aux auteurs et aux industriels ou à leurs ayants cause, la propriété des œuvres de littérature ou d'art, et des marques, modèles ou dessins de fabrique, et ont, à cet effet, nommé pour leurs plénipotentiaires, savoir :

S. M. l'empereur des Français,

M. Thouvenel, sénateur de l'empire, grand-croix de son ordre impérial de la Légion d'honneur, chevalier de l'ordre de Léopold de Belgique, etc., son ministre et secrétaire d'État au département des affaires étrangères ;

Et M. Rouher, sénateur de l'empire, grand-croix de son ordre impérial de la Légion d'honneur, etc., son ministre et secrétaire d'État au département de l'agriculture, du commerce et des travaux publics.

Et S. M. le roi des Belges,

M. Firmin Rogier, grand officier de l'ordre de Léopold, décoré de la Croix de fer, grand officier de l'ordre impérial de la Légion d'honneur, etc., son envoyé extraordinaire et ministre plénipotentiaire près S. M. l'empereur des Français;

Et M. Charles Liedts, grand officier de l'ordre de Léopold, décoré de la Croix de fer, grand officier de l'ordre impérial de la Légion d'honneur, etc., son ministre d'État en mission extraordinaire près S. M. l'empereur des Français;

Lesquels, après avoir échangé leurs pleins pouvoirs, trouvés en bonne et due forme, sont convenus des articles suivants :

Art. 1er. Les auteurs de livres, brochures ou autres écrits, de compositions musicales, d'œuvres de dessin, de peinture, de sculpture, de gravure, de lithographie et de toutes autres productions analogues du domaine littéraire ou artistique, jouiront, dans chacun des deux États, réciproquement, des avantages qui y sont ou seront attribués par la loi à la propriété des ouvrages de littérature ou d'art, et ils auront la même protection et le même recours légal contre toute atteinte portée à leurs droits, que si cette atteinte avait été commise à l'égard d'auteurs d'ouvrages publiés, pour la première fois, dans le pays même.

Toutefois ces avantages ne leur sont réciproquement assurés que pendant l'existence de leurs droits dans le pays où la publication originale a été faite, et la durée de leur jouissance dans l'autre pays ne pourra excéder celle fixée par la loi pour les auteurs nationaux.

La propriété des œuvres musicales s'étend aux morceaux dits *arrangements*, composés sur des motifs extraits de ces mêmes œuvres. Les contestations qui s'élèveraient sur l'application de cette clause demeureront réservées à l'appréciation des tribunaux respectifs.

Tout privilège ou avantage qui serait accordé ultérieurement par l'un des deux pays à un autre pays, en matière de propriété d'œuvres de littérature ou d'art, dont la définition a été donnée dans le présent article, sera acquis de plein droit aux citoyens de l'autre pays.

Art. 2. La publication en Belgique de chrestomathies composées de fragments ou d'extraits d'auteurs français est autorisée, pourvu que ces recueils soient spécialement destinés à l'enseignement, et qu'ils contiennent des notes explicatives ou des traductions en langue flamande.

Art. 3. La jouissance du bénéfice de l'article 1er est subordonnée à l'accomplissement, dans le pays d'origine, des formalités qui sont prescrites par la loi pour assurer la propriété des ouvrages de littérature ou d'art.

Pour les livres, cartes, estampes ou œuvres musicales publiés pour la première fois dans l'un des deux États, l'exercice du droit de propriété dans l'autre État sera, en outre, subordonné à l'accomplissement préalable, dans ce dernier, de la formalité du dépôt et de l'enregistrement, effectué de la manière suivante :

Si l'ouvrage a paru pour la première fois en Belgique, un exemplaire devra en être déposé gratuitement et enregistré soit à Paris à la direction de l'imprimerie, de la librairie et de la presse, au ministère de l'intérieur, soit à la chancellerie de la légation de France en Belgique.

Si l'ouvrage a paru pour la première fois en France, un exemplaire devra être déposé gratuitement et enregistré, soit à Bruxelles, au ministère de l'intérieur, soit à Paris à la chancellerie de la légation de Belgique en France.

Dans tous les cas, le dépôt et l'enregistrement devront être accomplis dans les trois mois qui suivront la publication de l'ouvrage dans l'autre pays.

A l'égard des ouvrages qui paraissent par livraisons, le délai de trois mois ne commencera à courir qu'à dater de la publication de la dernière livraison, à moins que l'auteur n'ait indiqué, conformément aux dispositions de l'art. 6, son intention de se réserver le droit de traduction, auquel cas chaque livraison sera considérée comme un ouvrage séparé.

La double formalité du dépôt et de l'enregistrement qui en sera fait sur des registres spéciaux tenus à cet effet ne donnera, de part et d'autre, ouverture à la perception d'aucune taxe, si ce n'est au remboursement des frais résultant de l'expédition jusqu'à Bruxelles ou Paris, respectivement, des livres, cartes, estampes ou publications musicales qui seraient déposés à la chancellerie de la légation de Belgique en France, ou à la chancellerie de la légation de France en Belgique.

Les intéressés pourront se faire délivrer un certificat authentique du dépôt et de l'enregistrement; le coût de cet acte ne pourra dépasser cinquante centimes.

Le certificat relatera la date précise à laquelle l'enregistrement et le dépôt auront eu lieu; il fera foi dans toute l'étendue des territoires respectifs, et constatera le droit exclusif de propriété et de reproduction, aussi longtemps que quelque autre personne n'aura pas fait admettre en justice un droit mieux établi.

Art. 4. Les stipulations de l'article 1er s'appliqueront également à la représentation ou exécution des œuvres dramatiques ou musicales publiées ou représentées pour la première fois dans l'un des deux pays, après le 12 mai 1854.

Le droit des auteurs dramatiques ou compositeurs sera perçu d'après les bases qui seront arrêtées entre les parties intéressées; à défaut d'un semblable accord, le taux exigible de ce droit ne pourra respectivement dépasser les chiffres suivants :

	A Paris et à Bruxell.	Dans les villes de 80,000 âmes et au-dessus.	Dans les villes de moins de 80,000 âmes.
Pour les pièces en 4 ou 5 actes...	18 fr.	14 fr.	9 fr.
— en 3 actes...	14 »	10 »	8 »
— en 2 actes...	10 »	8 »	6 »
— en 1 acte...	6 »	5 »	4 »

Art. 5. Sont expressément assimilées aux ouvrages originaux les traductions faites dans l'un des deux États d'ouvrages nationaux ou étrangers. Ces traductions jouiront, à ce titre, de la protection stipulée par l'article 1er, en ce qui concerne leur reproduction non autorisée dans l'autre État. Il est bien entendu, toutefois, que l'objet du présent article est simplement de protéger le traducteur par rapport à la version qu'il a donnée de l'ouvrage original, et non pas de conférer le droit exclusif de traduction au premier traducteur d'un ouvrage quelconque, écrit en langue morte ou vivante, si ce n'est dans le cas et les limites prévus par l'article ci-après.

Art. 6. L'auteur de tout ouvrage publié dans l'un des deux pays jouira seul du droit de traduction pendant cinq années, à partir du jour de la première traduction de son ouvrage autorisée par lui, sous les conditions suivantes :

1° L'ouvrage original sera enregistré et déposé en France ou en Belgique, dans un délai de trois mois à partir du jour de la première publication dans l'autre pays, conformément aux dispositions de l'article 5.

2° Il faudra que l'auteur ait indiqué, en tête de son ouvrage, l'intention de se réserver le droit de traduction.

3° Ladite traduction autorisée devra paraître, au moins en partie, dans le délai d'un an, et en totalité dans le délai de trois ans, à compter de la date du dépôt et de l'enregistrement de l'ouvrage original, effectués ainsi qu'il vient d'être prescrit.

4° La traduction devra être publiée dans l'un des deux pays, et être elle-même déposée et enregistrée conformément aux dispositions de l'article 3.

5° Pour les ouvrages publiés par livraisons, il suffira que la déclaration par laquelle l'auteur se réserve le droit de traduction soit faite dans la première livraison. Toutefois, en ce qui concerne le terme de cinq ans, assigné par cet article pour l'exercice du droit privi-légié de traduction, chaque livraison sera considérée comme un ouvrage séparé. Chacune d'elles sera enregistrée et déposée dans l'un des deux pays, dans les trois mois à partir de sa première publication dans l'autre.

6° Relativement à la traduction des ouvrages dramatiques, l'auteur qui voudra se réserver le droit exclusif dont il s'agit au présent article, devra faire paraître sa traduction trois mois après le dépôt et l'enregistrement de l'ouvrage original.

Dans le cas où la législation de la Belgique sur le droit de traduction viendrait à être modifiée pendant la durée de la présente convention, les avantages nouveaux qui seraient consacrés en faveur des auteurs belges seraient de plein droit étendus aux auteurs français.

En même temps, les auteurs belges jouiraient en France des avantages plus grands qui pourraient résulter de la législation générale en faveur des nationaux.

Ces droits respectifs seront d'ailleurs soumis aux conditions prévues par le paragraphe 2 de l'article 1er.

Art. 7. Les mandataires légaux ou ayants cause des auteurs, traducteurs, compositeurs, dessinateurs, peintres, sculpteurs, graveurs, lithographes, photographes, etc., jouiront des mêmes droits que ceux que la présente convention accorde aux auteurs, traducteurs, compositeurs, dessinateurs, peintres, sculpteurs, graveurs, lithographes ou photographes eux-mêmes.

Art. 8. Nonobstant les stipulations des articles 4 et 5 de la présente convention, les articles extraits des journaux ou recueils périodiques publiés dans l'un des deux pays pourront être reproduits ou traduits dans les journaux ou recueils périodiques de l'autre pays, pourvu qu'on y indique la source à laquelle on les aura puisés.

Toutefois, cette permission ne s'étendra pas à la reproduction, dans l'un des deux pays, des articles de journaux ou de recueils périodiques publiés dans l'autre, lorsque les auteurs auront formellement déclaré dans le journal ou le recueil même où ils les auront fait paraître, qu'ils en interdisent la reproduction.

En aucun cas, cette interdiction ne pourra atteindre les articles de discussion politique.

Art. 9. L'introduction, l'exportation, la circulation, la vente et l'exposition, dans chacun des deux États, d'ouvrages ou objets de reproduction non autorisée, définis par les articles 1er, 4, 5 et 6, sont prohibées, sauf ce qui est dit à l'article 13, soit que les reproductions non autorisées proviennent de l'un des deux pays, soit qu'elles proviennent d'un pays étranger quelconque.

Art. 10. En cas de contravention aux dispositions des articles précédents, la saisie des objets de contrefaçon sera opérée, et les tribunaux appliqueront les pénalités déterminées par les législations respectives, de la même manière que si l'infraction avait été commise au préjudice d'un ouvrage ou d'une production d'origine nationale.

Les caractères constituant la contrefaçon seront déterminés par les tribunaux de l'un et de l'autre pays, d'après la législation en vigueur dans chacun des deux États.

Art. 11. Les livres d'importation licite, et les autres productions mentionnées dans la présente convention, venant de Belgique, continueront à être admis en France, tant à l'entrée qu'au transit direct ou par entrepôt, par tous les bureaux qui leur sont actuellement ouverts ou qui pourraient l'être par la suite.

Si les intéressés le désirent, les livres déclarés à l'entrée seront expédiés directement en France, à la direction de l'imprimerie, de la librairie et de la presse, au ministère de l'intérieur, et en Belgique à l'entrepôt de Bruxelles, pour y subir les vérifications nécessaires, qui auront lieu au plus tard dans le délai de quinze jours.

Art. 12. Les dispositions de la présente convention ne pourront porter préjudice, en quoi que ce soit, au droit qui appartiendrait à chacune des deux hautes parties contractantes de permettre, de surveiller ou d'interdire, par des mesures de législation ou de police intérieure, la circulation, la représentation ou l'exposition de tout ouvrage ou production à l'égard desquels l'autorité compétente aurait à exercer ce droit.

Chacune des deux hautes parties contractantes conserve d'ailleurs le droit de prohiber l'importation dans ses propres États des livres qui, d'après ses lois intérieures ou des stipulations souscrites avec d'autres puissances, sont ou seraient déclarés être des contrefaçons.

Art. 13. Sont maintenues les dispositions de la convention du 22 août 1852 et de la déclaration jointe à ladite convention, relatives à la possession et à la vente, par les éditeurs, imprimeurs ou libraires belges ou français, de réimpressions d'ouvrages de propriété française ou belge non tombés dans le domaine public, fabriqués, importés ou en cours de fabrication et de réimpression non autorisée, aux époques fixées par l'article additionnel du 27 février 1854.

Art. 14. Le gouvernement français et le gouvernement belge prendront les mesures nécessaires pour interdire l'entrée, sur leurs territoires respectifs, des ouvrages que des éditeurs français ou belges auraient acquis le droit de réimprimer, avec la réserve que ces réimpressions ne seraient autorisées que pour la vente en France ou en Belgique et sur des marchés tiers.

Les ouvrages auxquels cette disposition est applicable devront porter sur leurs titre et couverture les mots : « Édition interdite en France (en Belgique), et autorisée pour la Belgique (la France) et l'étranger. »

Art. 15. Les sujets de l'une des hautes parties contractantes jouiront, dans les États de l'autre, de la même protection que les nationaux, pour tout ce qui concerne la propriété des marques de fabrique ou de commerce, ainsi que des dessins ou modèles industriels et de fabrique de toute espèce.

Le droit exclusif d'exploiter un dessin ou modèle industriel ou de fabrique ne peut avoir, au profit des Français en Belgique, et réciproquement, au profit des Belges en France, une durée plus longue que celle fixée par la loi du pays à l'égard des nationaux.

Si le dessin ou modèle industriel ou de fabrique appartient au domaine public dans le pays d'origine, il ne peut être l'objet d'une jouissance exclusive dans l'autre pays.

Les dispositions des deux paragraphes qui précèdent sont applicables aux marques de fabrique ou de commerce.

Les droits des sujets de l'une des hautes parties contractantes dans les États de l'autre ne sont pas subordonnés à l'obligation d'y exploiter les modèles ou dessins industriels ou de fabrique.

Le présent article ne recevra son exécution dans l'un et l'autre pays, à l'égard des modèles ou dessins industriels ou de fabrique, qu'à l'expiration d'une année à partir de ce jour.

Art. 16. Les Français ne pourront revendiquer en Belgique la propriété exclusive d'une marque, d'un modèle ou d'un dessin, s'ils n'en ont déposé deux exemplaires au greffe du tribunal de commerce de Bruxelles.

Réciproquement, les Belges ne pourront revendiquer en France la propriété exclusive d'une marque, d'un modèle ou d'un dessin, s'ils n'en ont déposé deux exemplaires à Paris, au greffe du tribunal de commerce de la Seine.

Art. 17. La présente convention demeurera en vigueur pendant dix années à partir du jour de l'échange des ratifications. Dans le cas où aucune des deux hautes parties contractantes n'aurait notifié, une année avant l'expiration de ce terme, son intention d'en faire cesser les effets, la convention continuera à être obligatoire encore une année, et ainsi de suite d'année en année, jusqu'à l'expiration d'une année, à partir du jour où l'une des parties l'aura dénoncée.

Art. 18. La présente convention sera ratifiée, et les ratifications en seront échangées à Paris, dans le délai de deux mois, ou plus tôt si faire se peut, simultanément avec celles du traité de commerce et du traité de navigation conclus sous la date de ce jour entre les deux hautes parties contractantes.

En foi de quoi les plénipotentiaires respectifs l'ont signée et y ont apposé le cachet de leurs armes.

Fait en double expédition à Paris, le premier jour du mois de mai de l'an de grâce mil huit cent soixante et un.

(L. S.) *Signé :* Thouvenel.

(L. S.)   E. Rouher.

(L. S.)   Firmin Rogier.

(L. S.)   Liedts.

Art. 2.

Notre ministre secrétaire d'État au département des affaires étrangères est chargé de l'exécution du présent décret.

Fait à Paris, le 27 mai 1861.

Napoléon.

Par l'empereur :
Le ministre des affaires étrangères,
E. Thouvenel.

Vu et scellé du sceau de l'État :
Le garde des sceaux, ministre de la justice,
Delangle.

———

Décret impérial qui prescrit la publication de la déclaration interprétative de l'article 2 de la convention littéraire, artistique et industrielle, signée entre la France et la Belgique le 27 mai 1861.

Napoléon,
Par la grâce de Dieu et la volonté nationale, empereur des Français,

A tous présents et à venir, salut :

Sur le rapport de notre ministre secrétaire d'État au département des affaires étrangères,

Avons décrété et décrétons ce qui suit :

Art. 1er.

Une déclaration interprétative de l'article 2 de la convention littéraire, artistique et industrielle, conclue, le 1er mai 1861, entre la France et la Belgique, ayant été signée le 27 mai 1861 par notre ministre secrétaire d'État au département des affaires étrangères et le chargé d'affaires de Belgique à Paris, ladite déclaration, dont la teneur suit, est approuvée et recevra sa pleine et entière exécution.

Déclaration.

Au moment de procéder à l'échange des ratifications de la convention pour la garantie réciproque de la propriété littéraire, etc., conclue entre la France et la Belgique, le premier du présent mois de mai, les soussignés sont convenus de fixer ainsi qu'il suit l'interprétation de l'article 2 de ladite convention :

« Les éditeurs belges restent en possession des avantages dont ils jouissent déjà, en vertu de la convention du 22 août 1852, pour la publication des chrestomathies françaises. Il est donc entendu qu'ils demeurent libres de composer de semblables recueils avec des extraits d'ouvrages français tombés ou non dans le domaine public, sans qu'ils soient tenus de les accompagner de notes ou traductions d'aucune sorte. »

Fait à Paris, le vingt-septième jour du mois de mai de l'an de grâce mil huit cent soixante et un.

(L. S.) *Signé :* Thouvenel.

(L. S.) *Signé :* Baron Beyens.

Art. 2.

Notre ministre secrétaire d'État au département des affaires étrangères est chargé de l'exécution du présent décret.

Fait à Paris, le 27 mai 1861.

Napoléon.

Par l'empereur :
Le ministre des affaires étrangères,
E. Thouvenel.

Vu et scellé du sceau de l'État :
Le garde des sceaux, ministre de la justice,
Delangle.

CONVENTION DE POSTE

Décret impérial qui prescrit la publication des articles additionnels à la convention de poste du 3 décembre 1857, signés entre la France et la Belgique le 1ᵉʳ mai 1861.

NAPOLÉON,

Par la grâce de Dieu et la volonté nationale, empereur des Français,

A tous présents et à venir, salut :

Sur le rapport de notre ministre secrétaire d'État au département des affaires étrangères,

Avons décrété et décrétons ce qui suit :

ART. 1ᵉʳ.

Des articles additionnels à la convention de poste du 3 décembre 1857 ayant été signés à Paris, le 1ᵉʳ mai 1861, entre la France et la Belgique, et les ratifications en ayant été échangées le 27 mai 1861, lesdits articles additionnels, dont la teneur suit, recevront leur pleine et entière exécution.

Articles additionnels.

Art. 1ᵉʳ. Les échantillons de marchandises qui seront expédiés de la France et de l'Algérie pour la Belgique, et *vice versâ*, seront affranchis jusqu'à destination, moyennant le payement d'une taxe de 10 centimes par 40 grammes ou fraction de 40 grammes, pourvu qu'ils n'aient aucune valeur intrinsèque, qu'ils soient placés sous bande ou de manière à ne laisser aucun doute sur leur nature, et qu'ils ne portent d'autre écriture à la main que l'adresse de leur destinataire, une marque de fabrique ou du marchand, des numéros d'ordre et des prix.

Les paquets d'échantillon ne pourront pas dépasser un poids de 300 grammes et ne devront avoir sur aucune de leurs faces (longueur, hauteur ou largeur) une dimension supérieure à 25 centimètres.

Les échantillons de marchandises qui ne rempliraient pas ces conditions ou dont le port serait laissé à la charge des destinataires, seront soumis au tarif des lettres.

Art. 2. Les épreuves d'impression portant des corrections typographiques, et les manuscrits joints à ces épreuves et s'y rapportant, qui seront expédiés de la France et de l'Algérie pour la Belgique et *vice versâ*, seront affranchis jusqu'à destination à raison de 50 centimes par chaque 200 grammes ou fraction de 200 grammes.

Pour jouir de cette modération de taxe, les objets ci-dessus désignés devront être placés sous bande et ne contenir aucune lettre ou note ayant le caractère d'une correspondance ou pouvant en tenir lieu.

Les épreuves corrigées et les manuscrits qui ne rempliront pas ces conditions, ou dont le port n'aura pas été payé d'avance, seront considérés comme lettres et taxés en conséquence.

Art. 3. Le produit des taxes à percevoir en vertu des articles 1 et 2 précédents sera réparti entre les administrations des postes des deux pays, d'après les bases fixées par l'article 14 de la convention du 3 décembre 1857.

Art. 4. Les présents articles, qui seront considérés comme additionnels à la convention du 3 décembre 1857, seront ratifiés; les ratifications en seront échangées aussitôt que faire se pourra, et ils seront mis à exécution le 1ᵉʳ octobre prochain.

Fait à Paris, le 1ᵉʳ mai 1861.

(L. S.) *Signé* : E. THOUVENEL.
(L. S.)   FIRMIN ROGIER.

ART 2.

Notre ministre secrétaire d'État au département des affaires étrangères est chargé de l'exécution du présent décret.

Fait à Paris, le 27 mai 1861.

NAPOLÉON.

Par l'empereur :
Le ministre des affaires étrangères,
E. THOUVENEL.

Vu et scellé du sceau de l'État :
Le garde des sceaux, ministre de la justice,
DELANGLE.

TRAITÉ DE COMMERCE

Décret impérial qui prescrit la promulgation du traité de commerce conclu le 1ᵉʳ mai 1861 entre la France et la Belgique.

NAPOLÉON,

Par la grâce de Dieu et la volonté nationale, empereur des Français,

A tous présents et à venir, salut :

Sur le rapport de notre ministre secrétaire d'État au département des affaires étrangères,

Avons décrété et décrétons ce qui suit :

ART. 1ᵉʳ.

Un traité de commerce, suivi de quatre tarifs, ayant été conclu, le 1ᵉʳ mai 1861, entre la France et la Belgique, et les ratifications de cet acte ayant été échangées à Paris le 27 mai 1861, ledit traité, dont la teneur suit, recevra sa pleine et entière exécution.

Traité.

(Nota. Nous extrayons du traité de commerce et des tarifs y annexés les articles qui concernent la librairie et les industries qui s'y rattachent.)

Art. 4. Indépendamment des droits de douane stipulés dans le tarif *A* annexé au présent traité, les produits d'origine ou de manufacture belge ci-dessous énumérés seront, à leur importation en France et à titre de compensation des droits équivalents supportés par les fabricants français, assujettis aux taxes supplémentaires ci-après déterminées :

Soude brute................	4 35	100 kil.
Cristaux de soude..........	4 35	—
Sel de soude...............	11 »	—
Acide hydrochlorique.......	3 »	—
Chlorure de chaux..........	7 50	—
Outremer factice...........	6 75	—

Art. 16. Les deux hautes parties contractantes prennent l'engagement de ne pas interdire l'exportation de la houille et de n'établir aucun droit sur cette exportation.

De son côté, le gouvernement français s'engage à ne pas élever, pendant la durée du présent traité, les droits actuellement applicables à l'importation en France des houilles, cokes et briquettes de charbon d'origine belge.

Le droit à l'importation en Belgique des charbons de terre, du coke et des briquettes de charbon d'origine française, est réduit à 1 franc par 1,000 kilogrammes.

Art. 18. Pour établir que les produits sont d'origine ou de manufacture nationale, l'importateur devra présenter à la douane de l'autre pays soit une déclaration officielle faite devant un magistrat siégeant au lieu d'expédition, soit un certificat délivré par le chef du service des douanes du bureau d'exportation, soit un certificat délivré par les consuls ou agents consulaires du pays dans lequel l'importation doit être faite et qui résident dans les lieux d'expédition ou dans les ports d'embarquement.

Les consuls ou agents consulaires respectifs légaliseront les signatures des autorités locales.

Art. 19. Les droits *ad valorem*, stipulés par le présent traité, seront calculés sur la valeur, au lieu d'origine ou de fabrication, de l'objet importé, augmentée des frais de transport, d'assurance et de commission nécessaires pour l'importation dans l'un des deux États jusqu'au lieu d'introduction.

L'importateur devra, indépendamment du certificat d'origine, joindre à sa déclaration écrite, constatant la valeur de la marchandise importée, une facture indiquant le prix réel et émanant du fabricant ou du vendeur.

Cette facture sera visée par un consul ou agent consulaire de la puissance dans le territoire de laquelle l'importation doit être faite.

Art. 25. A l'égard des marchandises qui acquittent les droits sur le poids net, si le déclarant entend que la perception ait lieu d'après le *net réel*, il devra énoncer ce poids dans sa déclaration. A défaut, la liquidation des droits sera établie sur le poids brut, sauf défalcation de la tare légale.

Art. 30. Les marchandises de toute nature venant de l'un des deux États, ou y allant, seront réciproquement exemptes dans l'autre État de tout droit de transit.

Art. 33. Les voyageurs de commerce français, voyageant en Belgique pour le compte d'une maison française, seront soumis à une patente fixe de 20 francs, additionnels compris.

Réciproquement, les voyageurs de commerce belges, voyageant en France pour le compte d'une maison belge, seront soumis à une patente fixe de 20 fr additionnels compris.

Art. 40. Le présent traité restera en vigueur pendant dix ans, à partir du jour de l'échange des ratifications. Dans le cas où aucune des deux hautes parties contractantes n'aurait notifié, douze mois avant la fin de ladite période, son intention d'en faire cesser les effets, il demeurera obligatoire jusqu'à l'expiration d'une année, à partir du jour où l'une ou l'autre des hautes parties contractantes l'aura dénoncé.

Les hautes parties contractantes se réservent la faculté d'introduire, d'un commun accord, dans ce traité, toutes modifications qui ne seraient pas en opposition avec son esprit ou ses principes et dont l'utilité serait démontrée par l'expérience.

Art. 41. Les stipulations qui précèdent seront exécutoires dans les deux États, le cinquième jour après l'échange des ratifications.

Fait en double expédition à Paris, le premier jour du mois de mai de l'an de grâce mil huit cent soixante et un.

(L. S.) *Signé* : Thouvenel.

(L. S.) Rouher.

(L. S.) Firmin Rogier.

(L. S.) Liedts.

DROITS À L'ENTRÉE. DÉNOMINATION DES ARTICLES.	BASE.	TAUX DES DROITS			
		EN FRANCE		EN BELGIQUE	
		en 1861.	au 1er octobre 1864.	en 1861.	au 1er octobre 1864.
Plomb..... { Limailles et débris de vieux ouvrages......		Exempt.	Exempt.		
En masses brutes, saumons, barres ou plaques............	100 kil.	3 »	—	Libre.	
Allié d'antimoine, en masse....	—	5 »	3 »		
Vieux caractères d'imprimerie..					
Antimoine { Mineral et sulfuré fondu.......		Exempt.	Exempt.	Libre.	
Métallique ou régule..........	100 kil.	8 »	6 »		
Plumes métalliques autres qu'en or ou argent.	—	100 »	100 »		
Caractères d'imprimerie neufs, clichés et planches gravées pour impression sur papier...	—	10 »	8 »	10 »	8 »
Machines... { à fabriquer le papier...........	—	9 »	6 »		
à imprimer.....................					
Acides..... { sulfurique....................		Exempt.	Exempt.	Libre.	
nitrique......................	—	—			
hydrochlorique (muriatique)...	100 kil.	0 60	0 60	» »	0 66
Bleu de Prusse........................		Exempt.	Exempt.	Libre.	
Sel de soude à tous degrés..........	100 kil.	4 50	3 »		
Carbonate de soude cristallisé..............	—	2 50	1 50	3 »	
Prussiate jaune de potasse..............	—	20 »	20 »	Libre.	
Chlorure de chaux....................	—	4 25	2 80	4 »	2 »
Outremer........................	—	15 »			
Chromates de potasse..................	Valeur.	10 0/0			
Produits chimiques non dénommés..........	—	5 0/0		2 »	100 kil.
Cire à cacheter........................	100 kil.	30 »		10 0/0	Valeur.
Encres..... { à écrire, à dessiner............	—	20 »		10 0/0	—
à imprimer.................		20 »		Libre.	
Mélasses contenant moins de 50 p. 0/0 richesse saccharine	—	11 »		—	
Plumes à écrire, brutes ou apprêtées........		Exemptes.		10 0/0	Valeur.
Crayons.... { simples, en pierre..........	100 kil.	1 »		10 0/0	
composés, en gaîne de bois.....	Valeur.	10 0/0			
Papier de toute sorte....................	100 kil.	10 »	8 »	10 »	8 »
Cartons en feuilles de toute sorte...........					
Livres en langues française, mortes et étrangères........					
Gravures, lithographies et dessins de toute sorte sur papier......................		Exempts.		Libres.	
Cartes géographiques..................					
Musique gravée......................					
Étiquettes imprimées, gravées et coloriées....					
Cartes à jouer....................	Valeur.	15 0/0		10 0/0	
DROITS A LA SORTIE.					
Chiffons de laine sans mélange.............		Exempts.		Exempts.	
Autres chiffons et drilles de toute espèce.....	100 kil.	12 »		12 »	
Pâte à papier........................	—				
Vieux cordages, goudronnés ou non.........	—	4 »		4 »	

Art. 2.

Notre ministre secrétaire d'E'tat au département des affaires étrangères est chargé de l'exécution du présent décret.

Fait à Paris, le 27 mai 1861.

NAPOLÉON.

Par l'empereur :

Le ministre des affaires étrangères,

E. THOUVENEL.

Vu et scellé du sceau de l'État :

Le garde des sceaux, ministre de la justice,

DELANGLE.

Décret impérial qui rend applicables à l'Angleterre les dispositions du traité de commerce conclu avec la Belgique.

NAPOLÉON,

Par la grâce de Dieu et la volonté nationale, empereur des Français,

A tous présents et à venir, salut :

Sur le rapport de notre ministre de l'agriculture, du commerce et des travaux publics ;

Vu le traité de commerce conclu entre la France et l'Angleterre le 23 janvier 1860, ainsi que les conventions annexes des 12 octobre et 16 novembre de la même année;

Vu le traité de commerce conclu le 1er mai 1861, entre la France et la Belgique,

Avons décrété et décrétons ce qui suit :

Art. 1er. Les dispositions du traité de commerce conclu le 1er mai 1861, entre la France et les Belgique, sont applicables à l'Angleterre.

Art. 2. Nos ministres de l'agriculture, du commerce et des travaux publics, et des finances sont chargés, chacun en ce qui le concerne, de l'exécution du présent décret.

Fait au palais des Tuileries, le 29 mai 1861.

NAPOLÉON.

Par l'empereur,

Le ministre de l'agriculture, du commerce et des travaux publics,

E. ROUHER.

NAPOLÉON,

Par la grâce de Dieu et la volonté nationale, empereur des Français,

A tous présents et à venir, salut :

Sur le rapport de notre ministre de l'agriculture, du commerce et des travaux publics ;

Vu le traité conclu le 1er mai 1861 entre la France et la Belgique,

Avons décrété et décrétons ce qui suit :

Art. 1er. Les marchandises d'origine et de manufacture belges inscrites dans le traité conclu le 1er mai 1861 entre la France et la Belgique, importées autrement que par terre ou par navires français ou belges, seront soumises :

1° A une surtaxe de 25 centimes par 100 kilogrammes, lorsque ces marchandises sont affranchies de tout droit à l'entrée, ou lorsqu'elles sont taxées à moins de 3 francs par 100 kilogrammes.

2° Aux surtaxes édictées par l'article 7 de la loi du 28 avril 1816, lorsque ces marchandises sont assujetties à un droit de 3 francs et au-dessus par 100 kilogrammes.

Art. 2. Nos ministres de l'agriculture, du commerce et des travaux publics, et des finances sont chargés, chacun en ce qui le concerne, de l'exécution du présent décret.

Fait au palais des Tuileries, le 29 mai 1861.

NAPOLÉON.

Par l'empereur :

Le ministre de l'agriculture, du commerce et des travaux publics,

E. ROUHER.

NAPOLÉON,

Par la grâce de Dieu et la volonté nationale, empereur des Français,

A tous présents et à venir, salut :

Sur le rapport de notre ministre de l'agriculture, du commerce et des travaux publics;

Vu l'article 41 du traité conclu le 1er mai 1861 entre la France et la Belgique,

Avons décrété et décrétons ce qui suit :

Art. 1er. A dater du 1er juin prochain, les tarifs établis, tant à l'importation de Belgique en France qu'à l'exportation de France en Belgique, par le traité conclu entre Nous et S. M. le roi des Belges, le 1er mai 1861, seront applicables à tous les produits énumérés dans ledit traité, à l'exception de ceux repris dans le tableau annexé au présent décret [1].

Art. 2. Nos ministres de l'agriculture, du commerce et des travaux publics, et des finances sont chargés, chacun en ce qui le concerne, de l'exécution du présent décret.

Fait au palais des Tuileries, le 29 mai 1861.

NAPOLÉON.

Par l'empereur :

Le ministre de l'agriculture, du commerce et des travaux publics,

E. ROUHER.

───────────

RUSSIE

Décret impérial portant promulgation de la convention conclue, le 6 avril 1861, entre la France et la Russie, pour la garantie réciproque de la propriété des œuvres d'esprit et d'art.

NAPOLÉON, par la grâce de Dieu et la volonté nationale, empereur des Français, à tous présents et à venir, salut :

Sur le rapport de notre ministre secrétaire d'État au département des affaires étrangères,

Avons décrété et décrétons ce qui suit :

Art 1er.

Une convention, suivie d'un article additionnel, ayant été conclue, le 6 avril 1861, entre la France et la Russie, pour la garantie réciproque de la propriété des œuvres d'esprit et d'art, et les ratifications de cet acte ayant été échangées à Saint-Pétersbourg le 9 mai 1861, ladite convention, dont la teneur suit, recevra sa pleine et entière exécution.

Au nom de la très-sainte et indivisible Trinité,

Sa Majesté l'empereur des Français et Sa Majesté l'empereur de toutes les Russies, animés d'un égal désir de donner suite à la stipulation de l'art. 23 du traité de commerce et de navigation signé à Saint-Pétersbourg le 2/14 juin 1857, par laquelle les deux hautes parties contractantes se sont réservé de déterminer dans une convention spéciale les moyens de garantir réciproquement la propriété littéraire et artistique dans leurs États respectifs,

[1]. Les seuls articles compris dans cette exception, parmi ceux portés dans l'extrait des tarifs ci-après, sont : le chlorure de chaux, les mélasses et les cartes à jouer.

ont, à cet effet, muni de leurs pleins pouvoirs, savoir :

Sa Majesté l'empereur des Français, M. Napoléon Lannes, duc de Montebello, grand-croix de son ordre impérial de la Légion d'honneur, grand-croix des ordres de Saint-Janvier et de Saint-Ferdinand des Deux-Siciles, de l'ordre royal américain d'Isabelle la Catholique d'Espagne, etc., etc., etc., son ambassadeur extraordinaire et plénipotentiaire près Sa Majesté l'empereur de toutes les Russies;

Et Sa Majesté l'empereur de toutes les Russies, roi de Pologne, le prince Alexandre Gortchakow, son conseiller privé actuel et ministre des affaires étrangères, membre du conseil de l'empire, chevalier des ordres de Russie de Saint-André, de Saint-Wladimir de la première classe, de Saint-Alexandre Newsky, de l'Aigle blanc, de Sainte-Anne de la première classe et de Saint-Stanislas de la première classe, grand-croix de la Légion d'honneur de France, de la Toison d'or d'Espagne, de la Sainte-Annonciade de Sardaigne, de Saint-Étienne d'Autriche, de l'Aigle noir orné de diamants et de l'Aigle rouge de Prusse, des Séraphins de Suède, de la Tour et de l'Épée de Portugal, de Ferdinand et du Mérite de Naples, de la Couronne de Wurtemberg, de l'Éléphant et du Danebrog de Danemark, de Saint-Hubert de Bavière, de la Fidélité et du Lion de Zaëhringen de Bade, des Guelfes de Hanovre, de Louis de Hesse-Darmstadt, de la Couronne de Saxe, d'Ernest de Saxe-Altenbourg, du Faucon blanc de Saxe-Weimar, de Pierre-Frédéric-Louis d'Oldenbourg, du Sauveur de Grèce, de Léopold de Belgique, du Pianum, du Medjidié de Turquie, ayant le portrait du schah de Perse de la première classe, orné de diamants;

Lesquels, après avoir échangé leurs pleins pouvoirs, trouvés en bonne et due forme, ont arrêté et signé les articles suivants :

Art. 1er. A partir de l'époque à laquelle, conformément aux stipulations de l'art. 10 ci-après, la présente convention deviendra exécutoire, les auteurs d'œuvres d'esprit ou d'art, auxquels les lois de l'un des deux États garantissent actuellement ou garantiront à l'avenir le droit de propriété ou d'auteur, auront, sous les conditions déterminées ci-après, la faculté d'exercer ce droit sur le territoire de l'autre État de la même manière et dans les mêmes limites que s'exercerait, dans cet autre État, le droit attribué aux auteurs d'ouvrages de même nature qui y seraient publiés.

La réimpression et la reproduction illicite ou contrefaçon des œuvres publiées primitivement dans l'un des deux États, seront assimilées dans l'autre à la réimpression et à la reproduction illicites d'ouvrages dont les auteurs appartiennent à ce dernier. Toutes les lois, ordonnances, règlements et stipulations aujourd'hui existants ou qui pourraient par la suite être promulgués au sujet du droit exclusif de publication des œuvres littéraires et artistiques, seront, pour autant qu'il n'y est pas dérogé par la présente convention, applicables à cette contrefaçon.

Il est bien entendu, toutefois, que les droits à exercer réciproquement dans l'un ou dans l'autre État, relativement aux ouvrages ci-dessus mentionnés, ne pourront être plus étendus que ceux qu'accorde la législation de l'État auquel appartiennent les auteurs ou ceux qui les remplacent à titre de mandataires, d'héritiers, de cessionnaires, de donataires ou autrement.

Art. 2. Sont compris sous la dénomination d'œuvres d'esprit ou d'art les livres écrits, œuvres dramatiques, compositions musicales, tableaux, gravures, plans, cartes géographiques, lithographies et dessins, travaux de sculpture et autres productions scientifiques, littéraires ou artistiques, que ces œuvres soient publiées par des particuliers ou par une autorité publique quelconque, par une académie, une université, un établissement d'instruction publique, une société savante ou autre.

Sont expressément assimilées aux ouvrages originaux, les traductions faites dans l'un des États d'ouvrages nationaux ou étrangers.

Il est bien entendu que l'objet de la présente disposition est simplement de protéger le traducteur par rapport à sa propre traduction, et non de conférer le droit exclusif de traduction au premier traducteur d'un ouvrage quelconque.

Les mandataires, héritiers ou ayants cause des auteurs des œuvres d'esprit ou d'art énumérées ci-dessus, jouiront, à tous égards, des mêmes droits que ceux que la présente convention accorde auxdits auteurs.

Art. 3. Pour assurer à tout ouvrage intellectuel ou artistique la propriété stipulée dans les articles précédents, les auteurs ou traducteurs devront établir, au besoin par un témoignage émanant d'une autorité publique, que l'ouvrage en question est une œuvre originale qui, dans le pays où elle a été publiée, jouit de la protection légale contre la contrefaçon ou reproduction illicite.

Les hautes parties contractantes conviennent au surplus que la preuve de la propriété, pour toute œuvre d'esprit ou d'art, résultera toujours de plein droit, pour les ouvrages publiés en France, d'un certificat délivré par le bureau de la librairie au ministère de l'intérieur à Paris, ou par le secrétariat de la préfecture dans les départements; et que, quant aux ouvrages publiés dans les États de Sa Majesté l'empereur de toutes les Russies, la preuve de la propriété résultera, de plein droit, d'un certificat délivré, pour les œuvres littéraires, scientifiques ou dramatiques, par l'autorité chargée de la censure des livres, et pour les œuvres artistiques, si elles sont publiées dans l'empire, par l'académie impériale des beaux-arts à Saint-Pétersbourg, et si elles sont publiées dans le royaume de Pologne, par l'école des beaux-arts à Varsovie.

Il est entendu que, pour être reconnus valables dans l'un ou l'autre des deux États, les certificats dont il est fait mention dans le présent article seront légalisés sans frais par les agents diplomatiques ou consulaires respectifs.

Art. 4. Le droit de propriété littéraire ou artistique des Français, dans l'empire de Russie, et des sujets russes en France, durera, pour les auteurs, toute leur vie, et se transmettra pour vingt ans à leurs héritiers directs ou testamentaires, et pour dix ans à leurs héritiers collatéraux.

Les termes de vingt ans et de dix ans seront comptés depuis l'époque du décès de l'auteur.

Art. 5. Nonobstant les stipulations des articles 1 et 2 de la présente convention, les articles extraits des journaux ou recueils périodiques publiés dans l'un des deux pays pourront être reproduits dans les journaux ou recueils périodiques de l'autre pays, pourvu que l'on indique la source à laquelle on les aura puisés.

Toutefois, cette permission ne s'étendra pas à la reproduction, dans l'un des deux pays, des articles de journaux ou de recueils périodiques publiés dans l'autre, lorsque les auteurs auront formellement déclaré dans le journal ou le recueil même où ils les auront fait paraître, qu'ils interdisent la reproduction. Dans aucun cas, cette interdiction ne pourra atteindre les articles de discussion politique.

Art. 6. En cas de contravention aux dispositions des articles précédents, et de poursuites en dommages-intérêts, il sera procédé, dans l'un ou l'autre État, conformément à ce qui est ou serait prescrit par les législations respectives, et les tribunaux compétents appliqueront les peines déterminées par les lois en vigueur; le tout de la même manière que si l'infraction avait été commise au préjudice d'un ouvrage ou d'une production d'origine nationale.

Art. 7. La mise en vente de toute œuvre reconnue, dans l'un ou l'autre des deux États, pour une reproduction illégale ou contrefaçon d'un ouvrage jouissant du privilége de protection, en vertu des articles 1 et 2 de la présente convention, sera interdite, sans qu'il y ait à distinguer si cette contrefaçon provient de l'un des deux États, ou de tout autre pays.

Toutefois, la présente convention ne pourra faire obstacle à la vente des réimpressions ou reproductions qui auraient été publiées dans chacun des deux États, ou qui auraient été introduites dans l'année qui suivra la signature de la présente convention.

Quant aux ouvrages de reproduction non autorisée en cours de publication, dont une partie aurait déjà paru avant l'expiration d'une année à partir du jour de la signature de la présente convention, les éditeurs en France, et ceux dans l'empire de Russie, pourront publier les volumes et livraisons nécessaires, soit pour l'achèvement desdits ouvrages, soit pour compléter les souscriptions des abonnés ou les collections non vendues existant en magasin. Par contre, on ne pourra faire aucune nouvelle publication, dans l'un des deux États, des mêmes ouvrages, ni mettre en vente des exemplaires autres que ceux destinés à remplir les expéditions ou souscriptions précédemment commencées.

Art. 8. Pour faciliter la pleine exécution de la présente convention, les deux hautes parties contractantes promettent de se donner mutuellement connaissance des lois et règlements actuellement existants, ainsi que de ceux qui pourront être établis par la suite dans les deux pays, en ce qui touche la garantie de la propriété littéraire et artistique.

Art. 9. Les dispositions de la présente convention ne pourront, en quoi que ce soit, porter préjudice au droit que chacune des deux hautes parties contractantes se réserve expressément de permettre, de surveiller ou d'interdire, par des mesures législatives ou administratives, la circulation ou l'exposition de tout ouvrage ou production à l'égard desquels l'un ou l'autre État jugera convenable d'exercer ce droit.

De même, aucune des stipulations de la présente convention ne saurait être interprétée de manière à contester le droit des hautes parties contractantes de prohiber l'importation, sur leur territoire, des livres que leur législation intérieure, ou des traités avec d'autres États, feraient entrer dans la catégorie des reproductions illicites.

Art. 10. La présente convention restera en vigueur, sauf la réserve exprimée à l'article 7, pendant six ans, à dater du 14/2 juillet de cette année. Si, à l'expiration des six années, la présente convention n'est pas dénoncée un an à l'avance, elle continuera à être obligatoire, d'année en année, jusqu'à ce que l'une des hautes parties contractantes ait annoncé à l'autre, mais un an à l'avance, son intention d'en faire cesser les effets.

Les hautes parties contractantes se réservent cependant la faculté d'apporter à la présente convention, d'un commun accord, toute modification qui ne serait pas incompatible avec l'esprit et les principes qui en sont la base, et dont l'expérience aurait démontré l'opportunité.

Art. 11. La présente convention sera ratifiée, et les ratifications en seront échangées à Saint-Pétersbourg dans le délai de deux mois, à partir du jour de la signature, ou plus tôt si faire se peut.

En foi de quoi, les plénipotentiaires respectifs l'ont signée et y ont apposé le cachet de leurs armes.

Fait à Saint-Pétersbourg, le $\dfrac{\text{six avril}}{\text{vingt-cinq mars}}$ de l'an de grâce mil huit cent soixante et un.

(L. S.) *Signé* duc de MONTEBELLO.
(L. S.) *Signé* GORTCHAKOW.

ARTICLE ADDITIONNEL.

Il est convenu entre les deux hautes parties contractantes qu'aussi longtemps que les livres publiés en France seront admis libres de tout droit de douanes dans les États de Sa Majesté l'empereur de toutes les Russies, tous les ouvrages indistinctement publiés en Russie, de même que la musique, les gravures, les lithographies et les cartes géographiques seront admis également libres de tout droit de douanes sur le territoire de l'empire français.

Le présent article additionnel aura la même force et valeur que s'il était inséré mot à mot dans la convention conclue aujourd'hui pour la garantie réciproque de la propriété littéraire et artistique. Il sera ratifié et mis à exécution en même temps que ladite convention.

En foi de quoi, les plénipotentiaires respectifs ont signé le présent article additionnel et y ont apposé le cachet de leurs armes.

Fait à Saint-Pétersbourg, le $\dfrac{\text{six avril}}{\text{vingt-cinq mars}}$ de l'an de grâce mil huit cent soixante et un.

(L. S.) *Signé*, duc de MONTEBELLO.
(L. S.) *Signé*, GORTCHAKOW.

ART. 2.

Notre ministre secrétaire d'État au département des affaires étrangères est chargé de l'exécution du présent décret.

Fait à Paris, le 22 mai 1861.

NAPOLÉON.

Par l'empereur :
Le ministre des affaires étrangères,
THOUVENEL.

Vu et scellé du sceau de l'État :
Le garde des sceaux, ministre de la justice,
DELANGLE.